RuckZuck DESSERTS

Ein strahlendes Hallo

Ich freue mich riesig, dass du gerade den siebten Band meiner Rezeptmagazin-Reihe in den Händen hältst. Mein letztes Buchprojekt war ein Hardcover mit meinen 73 besten Grundrezepten für den Thermomix. Aber jetzt ist es wieder Zeit für ein Themenbüchlein. Hier ist es:

Band 7 - Desserts

In diesem Büchlein findest du 30 superleckere und einfache Desserts, die nicht nur nach dem Abendessen, sondern auch in größeren Mengen für Partys oder Treffen mit Freunden total lecker schmecken.

Alle Rezepte sind für etwa **4 Personen** berechnet. Natürlich kannst du die Mengen individuell anpassen.

Wir haben dir im oberen Bereich wieder drei Smileys eingefügt, bei denen du ganz einfach ankreuzen kannst, wie es dir geschmeckt hat.

Ich wünsche dir gutes Gelingen und natürlich viel Freude mit meinem neuen Büchlein.

Deine Manu

Hast du ein Dessert ausprobiert? Dann poste es auf Instagram und markiere mich mit @ruckzuck_manu

Inhalt

Ananaspudding......06-07
Apfelsorbet......08-09
Apfelkompott......10-11
Bananen-Mangodessert......12-13
Bananenwaffeln......14-15
Blaubeercreme......16-17
Bratapfel-Tiramisu......18-19
Brownies......20-21
Frozen Yogurt......22-23
Grießpudding......24-25
Himbeerträumchen......26-27
Kaffeemousse......28-29
Käseküchlein......30-31
Mango-Kokoseis......32-33
Mini Windbeutel......34-35
Orangen-Blaubeermuffins......36-37
Nusshäufchen......38-39
Orangencreme......40-41

Oreo-Dessert.....42-43
Pfirisch-Tiramisu.....44-45
Raffaelo-Dessert.....46-47
Rotkäppchen-Cubes.....48-49
Yoguretten-Dessert.....50-51
Schokocreme.....52-53
Schokokekse.....54-55
Schoko-Panna Cotta.....56-57
Schoko-Mandelcreme.....58-59
Spaghettieis Dessert.....60-61
Wackelpudding mit Vanillesauce.....62-63
Zitronenmousse.....64-65

Mini Windbeutel
S. 34-35

Bratapfel-Tiramisu
S. 18-19

Bananen-Mangodessert
S. 12-13

Ich fand das Rezept:

Ananaspudding

Zutaten

1 große Dose Ananas (mit Saft)
1 Päck. Vanillepuddingpulver | 10 g Zitronensaft

Zubereitung

1. Ananas mit Saft in den Mixtopf geben und **10 Sek. / Stufe 10** zerkleinern.
2. Vanillepuddingpulver und Zitronensaft zugeben und **6 Min. / 100°C / Stufe 3** aufkochen.
3. In Gläser oder Schüsseln füllen und entweder warm oder kalt genießen.

Ich fand das Rezept:

Apfelsorbet

Zutaten

500 g gefrorene Äpfel (in Stücke) | 70 g Zucker
15 g Zitronensaft | 1 Eiweiß

Zubereitung

1. Äpfel schälen, in Stücke schneiden und für mehrere Stunden einfrieren.
2. Zucker in den Mixtopf geben **10 Sek. / Stufe 10** pulverisieren.
3. Gefrorene Äpfel (in Stücken), Zitronensaft und Eiweiß in den Mixtopf geben.
4. Mit Hilfe des Spatels **1 Min. / Stufe 6** schaumig rühren.
5. Sofort servieren!

Ich fand das Rezept:
Für ein Apfelmus kurz pürieren.

Apfelkompott

Zutaten

500 g Äpfel | 150 g Wasser | 20 g Zucker
2 Prisen Zimt | 10 g Zitronensaft

Zubereitung

1. Äpfel schälen, in Stücke schneiden und in den Mixtopf geben.
2. Alle restlichen Zutaten zugeben und je nach Apfelsorte **7-10 Min. / 98°C / LL / Stufe 1.**

Ich fand das Rezept:

Bananen-Mangodessert

Zutaten

200 g Schokoladen-Cookies | 2 reife Mangos
2 Bananen | 500 g Naturjoghurt | 20 g Vanillezucker

Zubereitung

1. Schokoladen-Cookies in den Mixtopf geben und **5 Sek. / Stufe 5** zerkleinern.
2. Zerkleinerte Cookies umfüllen.
3. Mangos (in Stücken) in den Mixtopf geben und **10 Sek. / Stufe 10** pürieren.
4. Pürierte Mangos umfüllen.
5. Bananen in den Mixtopf geben und **5 Sek. / Stufe 10** zerkleinern.
6. Naturjoghurt und Vanillezucker zugeben **10 Sek. / Stufe 5.**
7. Abwechselnd wie im Bild in Gläser schichten und anschließend kühl stellen.

Ich fand das Rezept:

Bananenwaffeln
(8-10 Stück)

Zutaten

100 g weiche Butter | 100 g Zucker | 2 Eier | 1 Banane
180 g Mehl Typ 405 | 180 g Milch | 1 TL Backpulver

Zubereitung

1. Butter, Zucker, Eier und Banane (in Stücken) in den Mixtopf geben **2 Min. / Stufe 4.**
2. Mehl, Milch und Backpulver zugeben **10 Sek. / Stufe 6.**
3. In einem Waffeleisen portionsweise ausbacken.

Ich fand das Rezept:

Blaubeercreme

Zutaten

150 g Blaubeeren | 20 g Honig | 10 g Zitronensaft
20 g Vanillezucker | 250 g Naturjoghurt
250 g Magerquark

Zubereitung

1. Blaubeeren, Honig, Zitronensaft und Vanillezucker in den Mixtopf geben **5 Sek. / Stufe 7.**
2. Joghurt und Quark zugeben und **5 Sek. / Stufe 4** vermengen.
3. In vier Gläser füllen und beispielsweise mit Mandeln verzieren.

Wer die Creme süßer mag verwendet die doppelte Menge Vanillezucker.

Ich fand das Rezept:

Bratapfel-Tiramisu

Zutaten

100 g Spekulatius | 130 g Äpfel (in Stücken)
20 g brauner Zucker | 10 g Vanillezucker | 60 g Apfelsaft
½ TL Zimt | ½ Päck. Vanillepuddingpulver | 100 g Sahne
1 Päck. Sahnesteif | 250 g Mascarpone | 50 g Zucker
1 Eigelb | 20 g Amaretto

Zubereitung

1. Spekulatius in den Mixtopf geben und **5 Sek. / Stufe 6** zerkleinern.
2. Zerkleinerte Spekulatius umfüllen.
3. Äpfel schälen, in Stücken in den Mixtopf geben und **3 Sek. / Stufe 5** zerkleinern.
4. Braunen Zucker, Vanillezucker, Apfelsaft und Zimt zu den zerkleinerten Äpfel geben **10 Min. / 95°C / Stufe 2.**
5. Vanillepuddingpulver zugeben **3 Min. / 90°C / Stufe 2.**
6. Masse umfüllen und Mixtopf kalt spülen.
7. Rühreinsatz einsetzen.
8. Sahne und Sahnesteif in den kalten Mixtopf geben und auf **Stufe 3,5** steif schlagen.
9. Steife Sahne umfüllen.
10. Mascarpone, Zucker, Eigelb und Amaretto in den Mixtopf geben **20 Sek. / Stufe 3.**
11. Die angerührte Masse zur Sahne geben und sanft unterheben.
12. Zuerst die zerkleinerten Spekulatius, dann die Äpfel und zuletzt die Sahnemasse in Gläser schichten.

Ich fand das Rezept:

Brownies

Zutaten

300 g Blockschokolade | 250 g Butter | 4 Eier
50 g Vanillezucker | 120 g Zucker | 200 g Mehl Typ 405
50 g Backkakao | 1 Pr. Salz | Schokoglasur oder Puderzucker

Zubereitung

1. Blockschokolade in Stücke brechen, in den Mixtopf geben und **8 Sek. / Stufe 8** zerkleinern.
2. Butter zugeben **2,5 Min. / 65°C / Stufe 2.**
3. Eier, Vanillezucker und Zucker zugeben **2 Min. / Stufe 5.**
4. Mehl, Backkakao und Salz mit in den Mixtopf geben und **40 Sek. / Stufe 4** verrühren.
5. Teig in einen rechteckigen Backrahmen geben und im vorgeheizten Backofen **ca. 25-30 Minuten** bei **180°C O/U** backen.
6. Brownies abkühlen lassen und eine Schokoglasur oder Puderzucker darüber geben.
7. Brownies in Stücke schneiden.

Ich fand das Rezept:

Frozen Joghurt

Zutaten

500 g Naturjoghurt | 80 g Zucker | 100 g Sahne (kalt)
25 g Zitronensaft

Zubereitung

1. Naturjoghurt für mehrere Stunden einfrieren.
2. Zucker in den Mixtopf geben und **15 Sek. / Stufe 10** pulverisieren.
3. Gefrorenen Joghurt in Stücken in den Mixtopf geben.
4. Sahne und Zitronensaft ebenfalls dazugeben **20 Sek. / Stufe 4.**
5. Nach Belieben garnieren und sofort servieren.

Joghurt im Eiswürfelbehälter einfrieren.

Ich fand das Rezept:

Grießpudding

Zutaten

500 g Milch | 50 g Vanillezucker | 1 Prise Salz
60 g Weichweizengrieß

Zubereitung

1. Alle Zutaten in den Mixtopf geben und **3 Sek. / Stufe 4** vermischen.
2. Danach **8 Min. / 100°C / Stufe 2** aufkochen.
3. In Gläser füllen und beispielsweise mit Honig und Früchten garnieren.
4. Entweder sofort genießen oder kühl stellen.

Ich fand das Rezept:

Himbeerträumchen

Zutaten

100 g Löffelbiskuit | 50 g Vanillezucker (20 g + 30 g)
30 g Butter | 100 g Himbeeren | 200 g Sahne
1 Päck. Sahnesteif | 300 g Frischkäse

Zubereitung

1. Löffelbiskuit und 20 g Vanillezucker in den Mixtopf geben und **5 Sek. / Stufe 6** zerkleinern.
2. Butter zugeben **4 Min. / 60°C / Stufe 2 .**
3. Masse in vier Gläser verteilen und andrücken.
4. Himbeeren in den Mixtopf geben und **3 Sek. / Stufe 5** zerkleinern.
5. Rühreinsatz einsetzen.
6. Sahne zugeben und auf **Stufe 3** mit Sichtkontakt steif schlagen.
7. Frischkäse und 30 g Vanillezucker zugeben **10 Sek. / Stufe 3.**
8. Creme auf die Löffelbiskuitmasse in die vier Gläser füllen. Mit Himbeeren und Streuseln verzieren.

Ich fand das Rezept:
Wer einen starken Kaffegeschmack möchte, nimmt einfach 2 EL Instantkaffee.

Kaffeemousse

Zutaten

100 g Blockschokolade | 100 g Trinkschokoladenpulver
1 EL Instantkaffee | 20 g Vanillezucker | 250 g Magerquark
200 g Naturjoghurt

Zubereitung

1. Blockschokolade (in Stücken) in den Mixtopf geben und **8 Sek. / Stufe 10** zerkleinern.
2. Trinkschokoladenpulver, Instantkaffee, Vanillezucker, Quark und Naturjoghurt zugeben **20 Sek. / Stufe 4.**
3. In Gläser füllen und kaltstellen.

Ich fand das Rezept:

Käseküchlein

Zutaten Mürbeteig

200 g Mehl Typ 405 | 80 g Zucker | 80 g Butter | 1 Ei
½ Päck. Backpulver

Zutaten Cremefüllung

130 g Butter | 160 g Zucker | 30 g Vanillezucker
1 Päck. Vanillepuddingpulver | 3 Eier | 500 g Magerquark
200 g Sahne | 200 g Schmand
Einige Spritzer Zitronensaft

Zubereitung

1. Alle Zutaten für den Mürbeteig in den Mixtopf geben und **1 Min. / Stufe 4** verrühren.
2. Teig auf ein Backblech mit Backrahmen geben.
3. Butter, Zucker, Vanillezucker, Vanillepuddingpulver und Eier in den Mixtopf geben **30 Sek. / Stufe 4.**
4. Quark, Sahne, Schmand und Zitronensaft zugeben **1 Min. / Stufe 4.**
5. Masse auf den Mürbeteig verteilen und im vorgeheizten Backofen **ca. 60 Minuten bei 180°C O/U** backen.
6. Käsekuchen abkühlen lassen. In kleine Stücke schneiden und beliebig verzieren.

Ich fand das Rezept:

Mango-Kokoseis

Zutaten

30 g Zucker | 300 g gefrorene Mango (in Stücken)
100 g Kokosmilch | 15 g Kokosraspeln

Zubereitung

1. Zucker in den Mixtopf geben und **15 Sek. / Stufe 10** pulverisieren.
2. Gefrorene Mangostücke zugeben **10 Sek. / Stufe 10**.
3. Alles nach unten schieben.
4. Kokosmilch und Kokosraspeln zugeben und **5 Sek. / Stufe 5** verrühren.
5. Sofort servieren.

Ich fand das Rezept:

Mini Windbeutel
(ca. 20 Stück)

Zutaten

170 g Wasser | 90 g Butter | 1 Pr. Salz | 10 g Zucker
130 g Mehl Typ 405 | 3 Eier | Schlagsahne für die Füllung

Zubereitung

1. Wasser, Butter, Salz und Zucker in den Mixtopf geben **5 Min. / 100°C / Stufe 1.**
2. Mehl zugeben **20 Sek. / Stufe 4.**
3. 10 Minuten abkühlen lassen.
4. Eier dazugeben und **40 Sek. / Stufe 5** aufschlagen.
5. Teig in einen Spritzbeutel geben und ca. 20 kleine Windbeutel auf ein Backblech spritzen.
6. Im vorgeheizten Backofen **ca. 20-30 Minuten bei 200°C O/U** backen.
7. Windbeutel abkühlen lassen.
8. Für die Füllung die Windbeutel aufschneiden und mit Schlagsahne oder einer beliebigen Creme füllen.

Ich fand das Rezept:

Orangen-Blaubeermuffins (12 Stück)

Zutaten Muffins

220 g Mehl Typ 405 | ½ Päck. Backpulver
100 g Zucker | 30 g Vanillezucker | 200 g Schmand
Schalenabrieb einer Orange | 2 Eier | 70 g Öl
10 g frisch gepresster Orangensaft
Ca. 150 g Blaubeeren

Zutaten Guss

150 g Zucker | 1 Eiweiß
10 g frisch gepresster Orangensaft

Zubereitung

1. Alle Zutaten für die Muffins außer den Blaubeeren in den Mixtopf geben und **20 Sek. / Stufe 5** verrühren.
2. Teig in eine Muffinform geben und pro Förmchen vier Blaubeeren in den Teig drücken.
3. Im vorgeheizten Backofen **ca. 25-30 Minuten bei 180°C O/U** backen.
4. Muffins abkühlen lassen.
5. Zucker in den Mixtopf geben und **10 Sek. / Stufe 10** Puderzucker herstellen.
6. Eiweiß und Orangensaft zugeben **10 Sek. / Stufe 6.**
7. Guss sofort auf die abgekühlten Muffins geben.

Zuerst die Orange auspressen und dann mit einer scharfen Reibe den Abrieb von der Schale nehmen.

Ich fand das Rezept:

☺ 😐 ☹

Nusshäufchen

Zutaten

100 g Haselnüsse | 100 g Mandeln | 150 g Butter
70 g Zucker | 20 g Vanillezucker | 150 g Mehl Typ 405

Zubereitung

1. Haselnüsse und Mandeln in den Mixtopf geben und **10 Sek. / Stufe 8** zerkleinern.
2. Zerkleinerte Nüsse und Mandeln umfüllen.
3. Butter, Zucker und Vanillezucker in den Mixtopf geben **20 Sek. / Stufe 5.**
4. 130 g der zerkleinerten Nüsse und Mandeln sowie Mehl zugeben **30 Sek. / Stufe 4.**
5. Aus der Masse kleine Kugeln formen und in den restlichen Nüssen wälzen.
6. Kugeln auf ein Backblech geben und im vorgeheizten Backofen **ca. 8-10 Minuten bei 180°C O/U** backen.

Ich fand das Rezept:

Orangencreme

Zutaten

40 g Zucker | 20 g Vanillezucker
Schalenabrieb einer Orange | 3 Eiweiß
500 g Magerquark | 1 EL frisch gepressten Orangensaft

Zubereitung

1. Zucker, Vanillezucker und Orangenabrieb in den Mixtopf geben **15 Sek. / Stufe 10.**
2. Rühreinsatz einsetzen.
3. Eiweiß zugeben und **3 Min. / 70°C / Stufe 3,5** erhitzen.
4. Quark und Orangensaft zugeben **15 Sek. / Stufe 3.**
5. Kühl stellen und servieren.

Ich fand das Rezept:

Oreo-Dessert

Zutaten

8-10 Oreos | 250 g Magerquark
150 g griechischer Joghurt | 50 g Sahne
20 g Vanillezucker | 1 TL Honig

Zubereitung

1. Oreos in den Mixtopf geben und **5 Sek. / Stufe 8** zerkleinern.
2. Zerkleinerte Oreos umfüllen.
3. Alle restlichen Zutaten in den Mixtopf geben und **10 Sek. / Stufe 5** verrühren.
4. Masse abwechselnd mit den zerkleinerten Oreos schichten.

Ich fand das Rezept:

Pfirsich-Tiramisu

Zutaten

Ca. 100 g Löffelbiskuit | Amaretto oder Pfirsichsaft
1 große Dose Pfirsiche | 200 g Sahne | 1 Päck. Sahnesteif
250 g Magerquark | 250 g Mascarpone
30 g Vanillezucker | 50 g Zucker | Mandelplättchen

Zubereitung

1. Löffelbiskuit in eine Auflaufform geben und mit Amaretto (oder Pfirsichsaft) gut beträufeln.
2. Pfirsiche in Scheiben schneiden und fast alle auf die Löffelbiskuit geben.
3. Sahne und Sahnesteif in den Mixtopf geben und auf **Stufe 3,5** steif schlagen.
4. Quark, Mascarpone, Vanillezucker und Zucker zugeben **20 Sek. / Stufe 4.**
5. Creme über die Löffelbiskuits und Pfirsiche geben.
6. Mit den restlichen Pfirsichen und Mandelplättchen garnieren.
7. In den Kühlschrank stellen.

Ich fand das Rezept:

Raffaelo-Dessert

Zutaten

180 g Raffaelo | 200 g Sahne | 250 g Mascarpone
40 g Zucker | 20 g Kokosraspeln | 250 g Erdbeeren
10 g Zucker | 1 Spritzer Zitronensaft

Zubereitung

1. Raffaelo in den Mixtopf geben und **5 Sek. / Stufe 5** zerkleinern.
2. Sahne, Mascarpone, Zucker und Kokosraspeln zugeben **1 Min. / Stufe 4** verrühren.
3. Masse umfüllen und Mixtopf spülen.
4. Erdbeeren, Zucker und Spritzer Zitronensaft in den Mixtopf geben und **10 Sek. / Stufe 10** pürieren.
5. Abwechselnd in Gläser schichten und mit einer Erdbeere und einer Raffaelokugel garnieren.

Ich fand das Rezept:

Rotkäppchen-Cubes

Zutaten Teig

125 g weiche Butter
100 g Zucker
20 g Vanillezucker
2 Eier
125 g Mehl Typ 405
½ Päck. Backpulver

Zutaten Füllung

300 g Milch
(100 g + 200 g)
50 g Zucker
20 g Vanillezucker
1 Päck. Vanillepuddingpulver
400 g Schmand | 2 Eigelb

Restliche Zutate

1 Glas
Sauerkirschen
-
2 Päck. roter
Tortenguss

Zubereitung

1. Alle Zutaten für den Teig in den Mixtopf geben und 3 **Min. / Stufe 4** verrühren.
2. Teig in einen rechteckigen Backrahmen geben und ca. **20-25 Minuten** im vorgeheizten Backofen be**i 180°C O/U** backen.
3. 100 g Milch, Zucker, Vanillezucker und Vanillepuddingpulver in eine Schüssel geben und mit einem Schneebesen gut vermischen.
4. 200 g Milch in den Mixtopf geben und **6 Min. / 90°C / Stufe 3** erhitzen.
5. Das in Schritt 3 angerührte Vanillepuddingpulver zur heißen Milch geben und weitere **6 Min. / 90°C / Stufe 3** erhitzen.
6. Schmand und Eigelb zugeben und **1 Min. / Stufe 5** verrühren.
7. Die Füllung auf den gebackenen Kuchenboden geben.
8. Kirschen abtropfen (Saft für den Guss auffangen) auf die Masse geben und leicht eindrücken.
9. **25 - 30 Minuten** bei **180°C O/U** backen und danach abkühlen lassen.
10. Tortenguss mit dem Kirschsaft nach Packungsanleitung zubereiten und auf den kalten Kuchen geben.
11. Wenn der Guss kalt und fest ist, Kuchen in kleine Würfel schneiden.

Ich fand das Rezept:

Yoguretten-Dessert

Zutaten

10 Yogurette Erdbeer | 200 g Sahne | 1 Päck. Sahnesteif
15 g Vanillezucker | 15 g Zucker | 150 g Magerquark
Ca. 200-250 g Erdbeeren

Zubereitung

1. Yoguretten in den Mixtopf geben und **3 Sek. / Stufe 5** zerkleinern.
2. Zerkleinerte Yoguretten umfüllen.
3. Rühreinsatz einsetzen.
4. Sahne, Sahnesteif, Vanillezucker und Zucker in den Mixtopf geben **20 Sek. / Stufe 3.5.**
5. Rühreinsatz entfernen.
6. Zerkleinerte Yoghuretten und Magerquark zugeben **6 Sek. / Stufe 3.**
7. Erdbeeren halbieren und wie auf dem Bild schichten.

Ich fand das Rezept:

Schokocreme

Zutaten

100 g Blockschokolade | 70 g Trinkschokoladenpulver
20 g Backkakao | 400 g Schmand

Zubereitung

1. Blockschokolade (in Stücken) in den Mixtopf geben und **10 Sek. / Stufe 6** zerkleinern.
2. Trinkschokoladenpulver, Backkakao und Schmand zugeben **30 Sek. / Stufe 6.**
3. In Gläser füllen und kalt servieren.

Ich fand das Rezept:

Schokokekse

Zutaten

100 g Blockschokolade (in Stücken)
30 g Kokosfett (in Stücken) | 50 g Sahne
180-200 g Butterkekse

Zubereitung

1. Blockschokolade in den Mixtopf geben und **8 Sek. / Stufe 8** zerkleinern.
2. Kokosfett (in Stücken) und Sahne zugeben **3 Min. / 65°C / Stufe 2.**
3. Butterkekse wie auf dem Bild mit der Schokolade zusammenkleben und nach Belieben garnieren.
4. Kekse danach in den Kühlschrank geben.

Ich fand das Rezept:

Schoko-Panna Cotta

Zutaten

80 g Blockschokolade | 200 g Sahne | 250 g Milch
40 g Zucker | 40 g Vanillezucker | 15 g Sofortgelatine

Zubereitung

1. Blockschokolade (in Stücken) in den Mixtopf geben und **10 Sek. / Stufe 6** zerkleinern.
2. Zerkleinerte Schokolade umfüllen.
3. Sahne, Milch, Zucker, Vanillezucker und Sofortgelatine in den Mixtopf geben und **6 Min. / 80°C / Stufe 3** erhitzen.
4. Zerkleinerte Schokolade zugeben und **2 Min. / 60°C / Stufe 3** unterrühren.
5. Masse auf vier Gläser verteilen und mindestens **4 Stunden** kaltstellen.

Ich fand das Rezept:

Schoko-Mandelcreme

Zutaten

100 g Blockschokolade | 50 g Mandeln | 40 g Zucker
40 g Vanillezucker | 500 g Magerquark | 200 g Sahne

Zubereitung

1. Blockschokolade (in Stücken), Mandeln, Zucker und Vanillezucker in den Mixtopf geben **6 Sek. / Stufe 7** zerkleinern.
2. Magerquark und Sahne zugeben und **10 Sek. / Stufe 5** unterrühren.
3. Schön anrichten und genießen.

Schmeckt gekühlt am besten!

Ich fand das Rezept:

Spaghettieis Dessert

Zutaten

400 g Sahne | 1 Päck. Sahnesteif | 250 g Magerquark
60 g Zucker | 30 g Vanillezucker | 20 g Zitronensaft
250 g Erdbeeren | Weiße Schokoraspeln

Zubereitung

1. Rühreinsatz einsetzen.
2. Sahne und Sahnesteif in den Mixtopf geben und auf **Stufe 3,5** steif schlagen.
3. Steife Sahne umfüllen.
4. Rühreinsatz entfernen.
5. Quark, Zucker, Vanillezucker und Zitronensaft in den Mixtopf geben **20 Sek. / Stufe 4.**
6. Sahne vorsichtig der Masse unterheben.
7. Quark-Sahnemasse in Gläser füllen.
8. Mixtopf spülen.
9. Erdbeeren in den Mixtopf geben und **30 Sek. / Stufe 8** zerkleinern.
10. Erdbeermasse auf die Quark-Sahnemasse in den Gläsern geben.
11. Mit weißen Schokoraspeln garnieren.

Ich fand das Rezept:

Wackelpudding mit Vanillesauce

Zutaten Wackelpudding

1 Päck. Götterspeise (z.B. grün) | 500 g Wasser
80 g Zucker

Zutaten Vanillesauce

50 g Vanillezucker | 250 g Milch | 200 g Sahne | 1 Ei
15 g Speisestärke | 1 Pr. Salz

Zubereitung

1. Alle Zutaten für den Wackelpudding in den Mixtopf geben **8 Min. / 90°C / Stufe 2.**
2. In Gläser füllen und **4-5 Stunden** in den Kühlschrank stellen.

Zubereitung Vanillesauce

1. Vanillezucker in den Mixtopf geben und **10 Sek. / Stufe 10** Puderzucker herstellen.
2. Rühreinsatz einsetzen.
3. Milch, Sahne, Ei, Speisestärke und Salz zugeben **6 Min. / 90°C / Stufe 3,5.**
4. Vanillesauce auf den Wackelpudding geben und nochmal kühl stellen.

Ich fand das Rezept:

Zitronenmousse

Zutaten

250 g Naturjoghurt | 70 g Zitronensaft | 60 g Zucker
250 g Sahne | 15 g Sofortgelatine

Zubereitung

1. Naturjoghurt, Zitronensaft und Zucker in den Mixtopf geben **10 Sek. / Stufe 3.**
2. Sahne und Sofortgelatine zugeben **3 Min. / Stufe 4.**
3. Masse in Gläser füllen und mindestens **1 Stunde** kühl stellen.

Notizen

Impressum

Herausgeber
Wundermix GmbH
Dirnismaning 34 D
85748 Garching b. München
Deutschland
Telefon: +49 89 23141490
E-Mail: info@wundermix.de

Rezepte Manuela Titz (RuckZuck-Manu)

Bildmaterial Marco Titz

Layout & Grafik Oliwia Zgodzaj

Schlussredaktion Monika Werthebach

Druck bonitasprint GmbH, 92224 Amberg

Auflage 1. Auflage: 2023

Isbn Nr. 978-3-948607-14-2

Bibliografische Information der Deutschen Nationalbibliothek:
Die deutsche Nationalbibliothek verzeichnet diese Publikation in der Deutschen Nationalbibliografie; detaillierte bibliografische Daten sind im Internet über https://portal.dnb.de abrufbar.

Printed in Germany